Die große

Window Colors

Winterwelt

Originelle Motive
für Fenster und Objekte

 CORMORAN

Inhalt

Vorwort

Das Malen mit abziehbaren Fensterfarben ist eine einfache künstlerische Gestaltungstechnik, die jedermann erlernen kann. Gleich bei den ersten Malversuchen werden Sie merken, dass auch Sie über künstlerisches Talent verfügen. Haben Sie sich erst einmal die Maltechnik angeeignet, können Sie frei nach Ihren eigenen Ideen gestalten.

Das Arbeiten mit Window Color erlaubt, mit wenig Aufwand Bilder zu malen, die man wie Aufkleber vom Malgrund abzieht und auf einer anderen glatten Fläche applizieren kann. Für Einsteiger wird die Grundtechnik Schritt für Schritt erklärt. Hier erfahren Sie auch, welche Materialien und Hilfsmittel Sie benötigen. Wenn Sie bereits erste Erfahrungen mit Window Color gemacht haben, lesen Sie die Anleitung zur Maltechnik noch einmal durch, denn es gibt immer wieder den ein oder anderen neuen, praxisbezogenen Tipp.

Das Kapitel „Farbenfrohe Fensterbilder" zeigt eine Fülle an Motiven zur Fensterdekoration. Lassen Sie sich von der Vielseitigkeit der einzelnen Szenen überraschen. Die meisten Motive sind so dargestellt, dass sie beliebig untereinander austauschbar sind oder sich miteinander kombinieren lassen. Außerdem finden Sie viele zusätzliche Tipps im Infokasten zu alternativen Gestaltungsmöglichkeiten. So können Sie und Ihre Familie traumhaft schöne Bilder nach eigenen Vorstellungen kreieren.

Im Kapitel „Dreidimensionale Objekte" erfahren Sie, wie Sie Window-Color-Bilder auf den verschiedensten Gegenständen dekorieren können. Vielleicht finden Sie beim Durchblättern auch gleich ein passendes Weihnachtsgeschenk für Freunde oder Bekannte.

Alle Vorlagen sind in Originalgröße abgebildet. Ob Sie ein Motiv am Ende des Buches oder auf dem Vorlagenbogen finden, erfahren Sie unter der jeweiligen Anleitung. Jetzt wünsche ich Ihnen viel Spaß beim Malen mit Window Color.

Das stimmungsvolle Windlicht taucht Ihren Wohnraum in die Farben von Tausendundeiner Nacht.

Die Maltechnik

Material

Vorlage

Spezialfolie oder
Klarsichthülle

Transparente, glasklare
Windradfolie

Klebeband

Konturenfarbe

Window-Color-Malfarben

Wattestäbchen

Küchenpapier

Schaschlik- oder
Partyspieße aus Holz

Leerer Joghurtbecher
oder Plastiktüte

Info

Noch nicht getrocknete Ausrutscher lassen sich mit Wattestäbchen entfernen. Verschmutzte Stäbchen in einen Becher oder eine Tüte geben. Die Verschlusskappen leerer Flaschen aufheben, falls mal eine verloren geht.

Handhabung der Vorlagen

Die Motivvorlagen finden Sie ab Seite 54 und auf dem Bogen entsprechend dem Anleitungstext. Um ein Motiv nachzuarbeiten, gibt es zwei Möglichkeiten: Legen Sie Transparentpapier über die Vorlage, und zeichnen Sie das Motiv durch; so können Sie es auch seitenverkehrt nachmalen. Oder schieben Sie das Originalmotiv unter die Malfolie; falten Sie dann den Vorlagenbogen entsprechend ein.

Folien zum Bemalen

Der Malgrund ist immer eine Folie. In diesem Buch werden drei Folientypen verwendet. Motive, die Sie nach dem Trocknen abziehen möchten, werden auf Spezial- oder Klarsichtfolie aufgetragen. Transparente Windradfolie verwenden Sie, um eine feste Malunterlage für die sehr weiche Spezial- oder Klarsichtfolie zu haben. Werden die Bilder zum Abschluss nicht abgezogen, sondern entlang den Konturen ausgeschnitten, malen Sie direkt auf die stabilere Windradfolie.

Malgrund vorbereiten

Vor dem Malen legen Sie die transparente Windradfolie auf die Vorlage und darüber die Spezialfolie. Alle Lagen mit Klebeband fixieren. Bei Klarsichtfolien verfahren Sie genauso. Beim Malen auf Klarsichthüllen können Sie die Vorlage auch in die Hülle hineinstecken.

Konturen ziehen

Die Kontur wird direkt mit der Flasche aufgetragen. Probieren Sie den Farbfluss vorher immer auf Küchenkrepp aus, so vermeiden Sie unschöne Luftblasen. Dabei können Sie feststellen, wie fest Sie drücken müssen, um eine durchgehende Linie zu erhalten. Die Tüllenspitze niemals direkt auf die Folie aufsetzen, sondern mit 1 cm Mindestabstand darüber halten. Einsteiger sollten Kreise, Ecken und Wellenlinien auf einer separaten Folie üben. Dünnflüssige Farbe lässt sich mit einer Hand aus der Flasche herausdrücken und auf die Folie auftragen, zähe Farbe muss mit beiden Händen aus der Flasche gedrückt werden. Bei besonders dickflüssiger Konturenfarbe verwenden Sie eine Tüllenspitze (Metallfeindüse) mit 0,9 mm Durchmesser, bei Bedarf mit Adapter. Lassen Sie den Konturenauftrag vor dem Ausmalen mit Farben mindestens 6 Stunden trocknen, beachten Sie hierzu auch die Herstellerangaben.

Flächen ausmalen

Der Farbauftrag erfolgt ebenfalls direkt aus der Flasche. Beginnen Sie mit dem Farbauftrag direkt neben der Kontur, und setzen Sie anschließend Farbstrang an Farbstrang, bis die ganze Fläche lückenlos gefüllt ist. Sparen Sie dabei keinesfalls mit Farbe. Die Farbe lässt sich gleichmäßig mit der Tüllenspitze vermalen, die anschließend gleich gesäubert wird. Nach jedem Farbauftrag halten Sie die Folie ins Gegenlicht, um die Farbfläche auf freie Stellen zu überprüfen. Mit der Spitze eines Holzstäbchens können Sie die Farbe an schwierige Stellen wie z. B. spitzwinklige Ecken „schieben". Lassen Sie den Farbauftrag 24 Stunden trocknen, danach lässt sich das Motiv leicht vom Spezialfolienuntergrund abziehen.

Farben mischen

Auch bei dieser Technik können Sie die Farben untereinander mischen. Verschiedene Farbtöne einer Farbskala setzen Sie ohne Zwischenkontur aneinander und ziehen sie mit einem Holzstäbchen oder der Tüllenspitze ineinander. Abschattieren heißt, dass Sie eine dunklere Farbe auf eine hellere Farbe setzen bzw. einen Bereich abtönen. Manche Farben bluten aus; gezielt eingesetzt ergibt das sehr schöne Effekte. Es ist ratsam, sich auf Farben von einem Farbenhersteller zu beschränken. Um später Malergebnisse zu erhalten, die exakt Ihren Farbvorstellungen entsprechen, legen Sie eine Farbskala an. Zeichnen Sie auf Papier ein Raster, und ziehen Sie das Raster auf Folie mit Konturenfarbe nach. Füllen Sie die Flächen mit Farbe, und notieren Sie sich den Farbton an entsprechender Stelle auf dem Papier. Farbproben, bei denen Sie einen weißen oder kristallklaren Farbton direkt gegen kräftige Farben setzen, lassen schon nach 2 Stunden erkennen, welche Farben in weiße Farbtöne ausbluten.

Der Zwetschgen-Mann als Schornsteinfeger bringt das ganze Jahr über Glück.

5

Farbenfrohe Fensterbilder

Vögel im Schneesturm

Auch im Winter treibt Väterchen Wind gerne sein lustiges Spiel mit den Vögeln. Bläst er seine Backen dick auf, dann bleibt keiner von ihm verschont. Mit einer Pudelmütze gut ausgestattet, kann aber auch ein wilder Schneesturm den Vögeln nichts anhaben. Die Vorlagen finden Sie auf Bogen B.

1. Ziehen Sie die Konturen in Schwarz nach, und lassen Sie den Farbauftrag gut trocknen.

2. Beginnen Sie beim Ausmalen der Vögel am Schnabel, und tragen Sie Goldgelb auf, den Innenbereich des Schnabels ergänzen Sie in Siena. Mit diesen beiden Farben können Sie auch eine der Pudelmützen gestalten, Siena wird auch für die Beine benötigt. Danach bemalen Sie das Federkleid in Türkis, Diamantblau, Ocean und Apfelgrün. Grün- und Blautöne können Sie ohne Zwischenkontur problemlos aneinander setzen. Das Auge des Vogels in Weiß und die Pupille in Schwarz malen. Bei den beiden anderen Vögeln deuten Sie die Schneeverwehungen mit Weiß an.

3. Wenn Sie Bewegungslinien als Konturen aufgetragen haben, malen Sie die Zwischenräume mit Glitzer-Orchidee aus, stattdessen können Sie auch dickere Stränge in Schneeweiß

aufbringen. Die Schneeflocken um die Vögel herum malen Sie mit dicken weißen Punkten auf.

4. Tragen Sie bei der dicken Wolke zuerst Diamantblau im vorderen Bereich bis knapp über die Augen auf, dabei ergänzen Sie die Backen sowie die Nase bis auf zwei Farbtupfer. Die Flächen zwischen den Pustelinien freilassen. Mit derselben Farbe setzen Sie die dahinter liegenden Wolkenflächen ab. Danach füllen Sie die übrigen Flächen in Schneeweiß wie in der Abbildung aus. Mischen Sie für den Mundbereich weiße Farbe mit Schwarz zu einem hellgrauen Farbton, und ergänzen Sie die Flächen zwischen den Pustelinien mit Glitzer-Orchidee. Die Pupille in Schwarz ausmalen.

5. Für die kleinen Wolken Schneeweiß und Glitzer-Orchidee verwenden. Zusätzlich können Sie noch ein paar dicke Wolken ohne Gesichtszüge dazu malen.

Info

Mit diesen farbenfrohen Motiven können Sie auch ein Mobile gestalten. Ergänzen Sie die dicke weiße Wolke seitlich durch Wolkenflächen, so erhalten Sie eine größere Aufhängefläche. Wie auf Seite 50 das Mobile bauen.

Fütterung der Rehe im Winter

Der Försterjunge bringt Äpfel und Kastanien, und auch Heu hat er nicht vergessen. Darüber freuen sich die Tiere des Waldes in der kalten Jahreszeit ganz besonders. Fertigen Sie die Rehe seitenrichtig und seitenverkehrt an, so erhalten Sie eine sehr lebendige Szene. Die Vorlagen finden Sie auf Bogen A.

1. Ziehen Sie alle Konturen in Schwarz nach, und malen Sie die Pupillen gleich mit Konturenfarbe aus.

2. Das Gesicht des Jungen in Hautfarbe, die Haare in Bernstein, die Augen in Weiß, den Mund in Himbeere, die Mütze in Apfelgrün und Grasgrün sowie die Ohrenschützer, die Handschuhe und die Stiefel in Samtblau malen. Den Pelzbesatz füllen Sie mit Weiß. Der Anzug wird mit Meergrün ausgemalt und mit Samtblau schattiert.

3. Entlang den Sackfalten setzen Sie Schatten in Siena und füllen die restliche Fläche mit Bernstein aus. Für den Flicken wählen Sie eine beliebige Farbe. Auf der Sackinnenseite mischen Sie Bernstein mit etwas Siena. Mit diesen beiden Farben bemalen Sie auch die Kastanien. Größere Kastanien können Sie zusätzlich mit Rehbraun abschattieren und zuvor einen weißen Lichtpunkt aufsetzen.

Info

Zuletzt gestalten Sie die Äpfel in Strohgelb und Himbeere.

4. Die Augen der Rehe malen Sie weiß. Tragen Sie dann einen Streifen Bernstein entlang der Außenkontur auf. Beim Innenohr beginnen Sie mit Weiß, setzen Bernstein dagegen und malen die übrige Ohrfläche in Siena aus. Beim anderen Ohr verwenden Sie Rehbraun oder Rehbraun und Siena. Die Punkte am Rücken malen Sie bernsteinfarbig. Tragen Sie über der Schnauze, entlang der Brust und dem Bauch sowie an einigen hervortretenden Körperstellen Bernstein oder Siena auf, die übrigen Flächen mit Rehbraun oder Siena füllen. Bemalen Sie das Heu olivgrün, und sparen Sie hierbei nicht an Farbe. Die Schleife nach Belieben ausmalen.

5. Die kleinen Bäume in Weiß und Olivgrün, die Schneeflächen des großen Baumes weiß und weiß irisierend und die Zweige oliv- und grasgrün ausmalen.

Eichhörnchen sammelt Vorräte

Das Eichhörnchen hat sich einen Vorrat an Riesenwalnüssen angelegt. Mit witzigen, hoch aufgerichteten Pinselohren und den stramm zur Seite gerichteten Tasthaaren sieht es gut gelaunt den langen Wintermonaten entgegen. Die Vorlagen finden Sie auf Bogen A.

1. Ziehen Sie die Konturen mit Bleifarbe nach, die Pupille des Eichhörnchens mit schwarzer Konturenfarbe ausmalen. Wenn Sie das Bild zusätzlich seitenverkehrt anfertigen und entsprechend dekorieren möchten, lassen Sie die Kontur entlang der Baummitte weg. Den Farbauftrag gut trocknen lassen. Zeichnen Sie mehrere Nüsse. Diese können Sie auch mit längeren „Aufhängeschnüren" wie bei der Spielzeug-Girlande auf Seite 24 versehen.

2. Malen Sie die Innenohren, die Augen, die Schnauze, die Brust und den Bauch in Weiß aus, und setzen Sie anschließend am Bauch Bernstein dagegen. Tragen Sie einen Streifen derselben Farbe an der Unterseite der Pfoten und entlang dem Hinterbein auf, und setzen Sie hier sofort die Farbe Pfirsich dagegen. Mit Pfirsich malen Sie auch den Kopf und die Ohren aus. Die Schnauze füllen Sie mit Koralle.

3. Beim Schwanz füllen Sie zwei Drittel der Breite mit Bernstein. Wechseln Sie dann zu Pfirsich, und tragen Sie die Farbe entlang der Schwanzunterseite auf. Mit einem Holzstäbchen verziehen Sie die Farben am Übergang ineinander, so dass Sie ein grobes Streifenmuster erhalten.

4. Um die Baumrinde zu gestalten, tragen Sie zuerst an einigen Stellen Olivgrün auf und setzen die Farbe Cognac dagegen. Nun malen Sie alle Schneeflächen in Weiß aus.

5. Bei den Nüssen tragen Sie entlang den Innenkonturen einen Strang Bernstein auf und ergänzen die dazwischenliegenden Flächen mit der Farbe Cognac.

6. Zum Stabilisieren des Bildes und zum einfacheren Dekorieren tragen Sie zwischen den Ästen und dem Eichhörnchen die Farbe Crystal auf.

Info

Möchten Sie den Baum der Größe Ihres Fensters anpassen, dann ändern Sie die Vorlage so, dass Sie den Stamm entsprechend nach unten und das Blattwerk nach oben verlängern. So erhalten Sie einen stattlichen Baum.

Füchse im Winterwald

Das Fuchspärchen freut sich über ein paar Leckerbissen, die es im Wald gefunden hat. Vielleicht hat der Försterjunge von Seite 10 das getrocknete Futter mitgebracht. Diese Szene können Sie mit beliebig vielen Einzelmotiven anderer Seiten ergänzen. Die Vorlagen finden Sie auf Bogen A.

1. Ziehen Sie alle Konturen mit Schwarz nach, und malen Sie gleich die Pupillen damit aus. Vielleicht möchten Sie auch eine ganze Fuchsfamilie darstellen. Lassen Sie den Konturenauftrag gut trocknen.

2. Überlegen Sie, wie Sie die Füchse farblich gestalten möchten. Versuchen Sie ruhig selbst einmal, eine Fellzeichnung zu kreieren. Haben Sie damit noch keine Übung, orientieren Sie sich an der Abbildung. Malen Sie nun die Augen, die Innenohren und die Schnauze bis zu den Haarspitzen sowie Brust und Bauch in Weiß an. Setzen Sie gleich darauf Bernstein dagegen, und ergänzen Sie die übrigen Flächen mit Siena. Ob Sie die Farben an den Übergängen ineinander ziehen, bleibt Ihnen selbst überlassen. Sie können diesbezüglich auch eine Farbprobe auf einer separaten Folie machen, um den Farbverlauf zu überprüfen. Auch Licht- und Schatteneffekte im Kontrast

zur angrenzenden Farbfläche wirken sich positiv auf die Fellzeichnung aus. Hierzu tragen Sie vor dem gesamten Farbauftrag Weiß oder Bernstein an hervortretenden Körperstellen auf. Zuletzt malen Sie die Fläche der offenen Schnauze in Koralle aus.

3. Für das Trockenfutter können Sie Bernstein und Siena verwenden. Haben Sie noch einen zusätzlichen Braunton, verwenden Sie auch diesen.

4. Die Gestaltung der Tannenbäume ist einfach. Malen Sie die Schneeflächen der Tannenbäume und die Schneehäufchen nur in Weiß oder Weiß und Weiß irisierend aus. Hierzu können Sie sich auch an Seite 10 – Fütterung der Rehe im Winter – orientieren. Bei den Tannenzweigen beginnen Sie am Ansatz mit Olivgrün und gehen dann bis zu den Spitzen in Grasgrün über. Die Farben mit einem Holzstäbchen ineinander verziehen.

Info

Die Füchse können Sie auch als Wandbild arbeiten. Als Unterlage wählen Sie ein Muster, das die Wirkung einer Schneefläche hat. Orientieren Sie sich an der Anleitung für das Tablett auf Seite 46.

Engel mit Efeu

Material

DIN-A4-Folien

Konturenfarbe in
Reinweiß

Malfarben in Hautfarbe,
Weiß irisierend, Glitzer-
Orchidee, Frost,
Nachtleuchtfarben
Gelb und Blau

Diesen reizenden Engel mit der Blätterranke aus Efeu kann man auch als Gardinenersatz am Fenster dekorieren. Ordnen Sie dafür mehrere Bilder gespiegelt gegenüber an, oder platzieren Sie einzelne Bilder in den Ecken der Fensterscheiben. Die Vorlage finden Sie auf Bogen B.

1. Am besten pausen Sie das Motiv auf Transparentpapier ab, dann können Sie das Bild auch seitenverkehrt anfertigen. Wenn Sie es in den Ecken der Fensterscheibe anbringen möchten, lassen Sie beim Bild, das Sie in den oberen Ecken platzieren möchten, ein paar Efeublätter an der Bildunterkante weg. Orientieren Sie sich hierzu am Tablettmotiv auf Seite 46. Zum Dekorieren der unteren Ecken lassen Sie die Konturen an der Bildunterkante stehen, dafür nehmen Sie an der Oberkante einige Blätter weg. Halten Sie die Vorlage vor dem Konturenauftrag an die Fensterscheibe, um die Gesamtwirkung zu überprüfen. Ziehen Sie dann die Konturen in Reinweiß nach. Farbauftrag trocknen lassen.

2. In der Zwischenzeit legen Sie die Farbgestaltung fest, am schönsten wirkt eine Abstimmung auf Ihr Ambiente. Sie sollten unbedingt eine Farbmusterskala anlegen, um den transparenten und deckenden Effekt einzelner Farben zu überprüfen. Bei der hier dargestellten Farbkomposition wirkt der gesamte Farbauftrag im Gegenlicht harmonisch und zeigt sehr weiche Farbübergänge. Erst bei Dämmerung treten die Flügel und das Tuch optisch hervor.

3. Malen Sie die Flächen aus: den Körper in Hautfarbe, die Flügel in gelber Nachtleuchtfarbe sowie die angedeuteten Federn abwechselnd in gelber und blauer Nachtleuchtfarbe. Für das Tuch nehmen Sie Glitzer-Orchidee sowie Frost für die Efeublätter. Die Zwischenräume der Blätter brauchen Sie nicht auszumalen, da das Bild durch die vielfältige Konturenüberschneidung der Blätter und den Farbauftrag ausreichend Stabilität erhält. Sie können auch die Farbgestaltung wie beim bereits erwähnten Tablettmotiv übernehmen und alle Flächen bis auf die Zwischenräume der Blätter in Crystal ausmalen.

Info

Die Blätterranke ist auch ohne Engel eine wirkungsvolle Dekoration für einen Spiegel- oder Bilderrahmen. Zeichnen Sie in passender Größe einen Rahmen auf Transparentpapier. Die Vorlage darunter schieben, die Blätter neu anordnen.

Rudi, das stolze Rentier

Hier zeigt sich Rudi, das Rentier des Weihnachtsmannes, in festlicher Aufmachung. Umgeben von eisigen Schneekristallen und Schneeflocken, läutet er mit glitzernden bunten Glöckchen die Adventszeit ein. Die Vorlagen finden Sie auf Bogen A.

1. Ziehen Sie die Konturen des Rentiers in Flitter-Gold nach, und verwenden Sie das bleifarbige Konturenmittel für das Auge und die Nüstern. Die untere Wolkenkontur können Sie beliebig oder der Abbildung entsprechend ergänzen. Malen Sie auch gleich ein paar Eiskristalle mehr auf Folie auf.

2. Nun tragen Sie entlang der Geweihkontur im vorderen Bereich Glitzer-Gold mit einem dünnen Strang auf und setzen danach Schneeweiß dagegen. Die Farben mit einem Holzstäbchen leicht ineinander verziehen, es soll aber nicht als Muster, sondern als Farbübergang erscheinen.

3. Für die Hufe ist Mausgrau sehr wirkungsvoll, mit dem gleichen Farbton können Sie auch die Schattenbereiche am Körper ausmalen. Füllen Sie die übrigen Flächen abwechselnd mit Schneeweiß und Perlmutt-Lagune aus. Setzen Sie beim Innenohr einen kleinen Tropfen Rot in die Perlmuttfarbe, und vermischen Sie beides zu einem zartrosa Farbton. Danach tragen Sie das Augenweiß auf und malen die Pupille mit Schwarz aus.

4. Malen Sie anschließend das Zaumzeug mit den drei verschiedenen Glitzer-Farben aus. Verwenden Sie außerdem Kristallklar für den Innenbereich der Glöckchen.

5. Nun malen Sie die Wolke mit Glitzer-Orchidee aus. Beachten Sie, dass die Farbfläche umso besser wirkt, wenn Sie sie besonders satt auftragen.

6. Abschließend gestalten Sie die Eiskristalle. Tragen Sie entlang den Konturen einen dünnen Strang Glitzer-Blau auf, und füllen Sie die übrige Fläche mit Kristallklar aus. Möchten Sie ein besonders lebhaftes Bild, können Sie zusätzliche Schneeflocken und Glitzerpunkte dazugestalten.

Info

Wenn Sie die Wolke weglassen, lässt sich das Rentier auch in eine lebhafte Waldszene integrieren, in der Weihnachtswichtel zwischen verschneiten Tannenbäumen fröhlich um das Rentier herumtanzen.

Tanzende Wichtel

In der Vorweihnachtszeit haben die kleinen Wichtel viel zu tun,
denn Sterne, Glöckchen und Christbaumkugeln müssen auf
Hochglanz gebracht werden. Dabei tanzen und wirbeln die
Kobolde so fröhlich umher, dass der Betrachter am liebsten mit-
machen möchte. Die Vorlagen finden Sie auf Bogen B.

1. Ziehen Sie die Konturen mit
Bleifarbe nach, und lassen Sie
den Auftrag trocknen.

2. Orientieren Sie sich an der
Abbildung, und stellen Sie die
passenden Farben zusammen.
Beginnen Sie beim Ausmalen
der Wichtel mit den Haaren, und
tragen Sie Bernstein auf. Das
Gesicht wird in Fleischfarbe aus-
gefüllt, der Mund wird rot ausgemalt. Ein Tropfen roter Farbe
im Wangenbereich färbt die
Wangen ein, dabei dürfen die
Farben nur ganz leicht ineinander gezogen werden. Tragen Sie
das Augenweiß auf, und malen
Sie die Pupille mit schwarzer
Farbe aus.

3. Gestalten Sie dann die übrigen Flächen so, wie es Ihnen
gefällt. Um ein Streifenmuster
entsprechend der Abbildung zu
erhalten, brauchen Sie nur zwei
kontrastierende Glitzer-Farben
Strang um Strang aneinander zu
setzen; dabei sollen sich die
Farben nicht vermischen.

4. Die Flächen der spiralenarti-
gen Bewegungslinien um den
herumwirbelnden Wichtel füllen
Sie mit Kristallklar.

5. Die Kugeln malen Sie mit
den verschiedenen Glitzer-Farben aus. Für die Lichtreflexe auf
den Kugeln tragen Sie Schneeweiß oder Kristallklar auf.

6. Zum Einfärben der Glöckchen tragen Sie direkt neben
der Kontur Glitzer-Gold auf,
genauso verfahren Sie beim
Ausmalen der Klöppel. Setzen
Sie dann den Innenbereich in
Kristallklar ab. Wählen Sie für
die Schleifen entlang der Kontur
einen kontrastierenden Farbton,
und verwenden Sie Glitzer-Gold
zum Ausmalen des Innenbe-
reichs.

7. Entlang den Konturen der
Sterne tragen Sie einen Strang
Glitzer-Gold auf. Den Innen-
bereich füllen Sie mit Schnee-
weiß oder einer beliebigen
Glitzer-Effektfarbe auf.

Info

Aus einfachen Malfarben
lassen sich ganz leicht
Glitzer-Effektfarben
machen. Besorgen Sie
sich im Bastelladen
Glimmer, und streuen Sie
diesen über den nassen
Farbauftrag. So erhalten
Sie einen wirkungsvollen
Glitzereffekt.

Raben beim Tagesgespräch

DIN-A3-Folie und
DIN-A4-Folien

Konturenfarbe in
Schwarz und Reinweiß

Malfarben in Weiß,
Schwarz, Mausgrau,
Samtblau, Koralle,
Cognac, Nougat und
Crystal

Info

Mit den Mistelzweigen
der Vase von Seite 52
können Sie ein interes-
santes Bild kreieren. Das
leuchtende Grün
der Blätter gibt der
Szene mit der
Rabenversammlung
einen frischen und
freundlichen Touch.

Fünf Raben treffen sich auf einem schneebedeckten Baum, um ganz aufgeregt die Neuigkeiten des Tages auszutauschen. Diese Szene können Sie mit vielen anderen Motiven in diesem Buch zu immer wieder neuen Varianten ergänzen. Die Vorlagen finden Sie auf Bogen A.

1. Ziehen Sie beim Baum zuerst die gepunkteten Konturlinien, die die Schneeflächen abgrenzen, in Reinweiß nach. Ziehen Sie alle übrigen gestrichelten Konturen in Schwarz nach. Sind Sie im Konturenzeichnen geübt, umranden Sie auch die Pupillen. Wenn Sie sich nicht sicher sind, malen Sie diese komplett mit schwarzer Konturenfarbe aus. Falls Sie sehr dickflüssige Konturenfarbe verwenden, schrauben Sie eine 0,9-mm-Feindüse aus Metall auf die Tüllenspitze der Farbflasche. So lassen sich der Schnabel, das Federkleid und die feingliedrigen Krallenfüße leicht nachzeichnen. Lassen Sie den Konturenauftrag gut trocknen.

2. Auf die Baumrinde tragen Sie an einigen Stellen Nougat auf und setzen Cognac dagegen. Anschließend malen Sie die Schneeflächen in Weiß aus. Um den Baum später leicht abziehen zu können, tragen Sie Crystal im unteren Bereich zwischen den Ästen auf. Für die Schneeflocken brauchen Sie nur ein paar Punkte in Weiß um den Baum herum aufzusetzen. Um Schneehäufchen und -flächen anzudeuten, malen Sie diese beliebig in weißer Farbe aus.

3. Bei den Raben malen Sie zuerst das Auge in Weiß und die Pupille in Schwarz aus. Setzen Sie auch gleich einen weißen Punkt hinter das angedeutete Nasenloch. Tragen Sie entlang der oberen Kontur des Ober- und Unterschnabels Samtblau auf, und füllen Sie die übrigen Flächen mit Schwarz. Verwenden Sie Koralle für die offene Schnabelfläche. Entlang einigen Konturlinien tragen Sie Samtblau auf, um Lichtreflexe zu setzen und auch angrenzende Farbflächen kontrastierend voneinander abzuheben. Die übrigen Flächen ergänzen Sie nun mit Schwarz. Um die Krallenfüße wirkungsvoll hervorzuheben, tragen Sie Schwarz und Mausgrau auf.

Bunte Spielzeug-Girlande

Material

DIN-A4-Folien

Konturenfarbe in
Bleifarbe und Schwarz

Malfarben in Weiß,
Erdbeer, Magenta,
Strohgelb, Pfirsich,
Bernstein, Cognac,
Apfelgrün, Grasgrün,
Olivgrün, Saphir und
Schwarz

Info

Zum Dekorieren am
Fenster platzieren Sie
zuerst die Zweige. Die
Motive der Girlande kle-
ben Sie in unterschied-
lichen Abständen darun-
ter. Die separaten
Aufhänger fügen Sie zwi-
schen den Motiven und
den Zweigen ein.

Schmücken Sie Ihr Fenster während der tristen Wintermonate mit einer farbenfrohen Spielzeug-Girlande. Einzigartig wird die Girlande, wenn Sie sie mit anderen Motiven aus diesem Buch, z. B. mit Walnüssen, bestücken. Lassen Sie Ihrer Phantasie bei der Farbgestaltung freien Lauf. Die Vorlagen finden Sie auf Seite 58, 59, 60.

1. Ziehen Sie alle Konturen in Bleifarbe nach, und malen Sie die Pupillen mit der schwarzen Konturenfarbe aus. Beim Aufzeichnen der Tannenzweige müssen Sie sich nicht unbedingt an die Vorlage halten; Sie können zuerst die Konturen der äußeren Tannennadeln ziehen und setzen dann die inneren Nadeln auf. Die Fäden zum Aufhängen malen Sie auf eine separate Folie. Lassen Sie den Konturenauftrag gut trocknen.

2. Die Tannenzweige malen Sie mit sattem Farbauftrag in Olivgrün aus. Für das Schleifenband nehmen Sie zwei Farbtöne Ihrer Wahl, z. B. Erdbeer für außen und Magenta für die Innenfläche.

3. Beim Kasper malen Sie das Gesicht und die Hände in Bernstein aus. Setzen Sie erdbeerfarbene Punkte im Wangen- und Kinnbereich sowie an der Nasenspitze auf, und verziehen Sie die Farbtupfer. Mund, Mütze und Zackenkragen malen Sie ebenfalls mit der Farbe Erdbeer. Verwenden Sie Weiß für die Augen und die Bommeln an Kragen und Mütze. Die Haare in Strohgelb ausmalen. Das Hemd erhält entlang den Faltenkonturen einen weißen Farbstrang, die übrige Fläche füllen Sie mit Saphir aus.

4. Die Bären können Sie einfarbig in Bernstein, Cognac oder Weiß, aber auch in Bernstein mit Cognac vermischt ausmalen.

5. Je farbenfroher Sie die Raupe gestalten, desto lustiger wirkt sie. Verwenden Sie z. B. Pfirsich für den Kopf, und gestalten Sie den Wangenbereich in Rot. Die einzelnen Segmente bemalen Sie abwechselnd in Saphir, Grasgrün und Strohgelb. Genauso können Sie die Haarbüschel färben. Die Fühler sind schwarz und die Augen weiß gemalt. Die Äpfel bemalen Sie wie auf der Abbildung.

Kranz aus Weihnachtssternen

Mit diesen einfach zu malenden Elementen können Sie Ihren Fenstern einen festlichen Rahmen geben. Die Kombination der Blüten des Weihnachtssterns mit Blättern und Tannenzweigen bietet unzählige Dekorationsmöglichkeiten. Die Vorlagen finden Sie auf Seite 54, 55.

1. Ziehen Sie alle Konturen in Bleifarbe nach. Bei den Tannennadeln brauchen Sie sich nicht exakt an die Vorlage zu halten. Legen Sie bei jedem Zweig zuerst die äußere Nadelreihe an, und gestalten Sie danach die Mittelpartie. Lassen Sie den Farbauftrag gut trocknen. Wenn Sie die einzelnen Gebinde noch üppiger haben möchten, zeichnen Sie einfach noch ein paar Tannenzweige dazu.

2. Malen Sie zu Beginn die Blüten mit Strohgelb und Grasgrün aus.

3. Nun können Sie die roten Blätter ausmalen. Tragen Sie Magenta vom Blattansatz aus bis zur Blattmitte auf, und füllen Sie die restliche Fläche mit der Farbe Erdbeer.
Nehmen Sie ein Holzstäbchen, und ziehen Sie mit der Spitze den dunkleren Farbauftrag Magenta in leichten Bogenlinien in die hellere Erdbeerfarbe hinein. Gefällt Ihnen das Muster,

wischen Sie die Spitze des Holzstäbchens an Küchenpapier ab und setzen es erneut an. Auf diese Weise erhalten Sie schöne Farbverläufe.

4. Bei den grünen Blättern tragen Sie im Bereich der Spitze Apfelgrün auf, die übrige Fläche füllen Sie mit Grasgrün auf. Mit einem Holzstäbchen ziehen Sie die helle Farbe in die dunklere hinein; auch hier soll der Farbübergang fließend sein.

5. Abschließend malen Sie die Tannenzweige mit Olivgrün aus. Setzen Sie dabei ausreichend Farbe zwischen die Konturen der Tannennadeln. Tragen Sie die Farbe so dick auf, dass diese die Nadelkonturen fast vollständig abdeckt. Lassen Sie den Farbauftrag gut durchtrocknen.

6. Fixieren Sie die weihnachtlichen Blütenmotive mittig in Form eines Kranzes, unter einer Fenstersprosse als Halbkreis oder in den Ecken der Fenster.

Info

Wenn Sie die Weihnachtssterne auf stabilere Windradfolie malen, können Sie die einzelnen Blüten entlang den Konturen nach dem Trocknen ausschneiden und am Adventskranz und später am Weihnachtsbaum aufhängen.

Leckerer Adventsteller

So richtig zum Reinbeißen sehen die Äpfel und Lebkuchenfiguren aus. Besonders gut passt dieses Motiv in Ihre Küche oder das Esszimmer. Mit einigen Tannenzweigen und rotbackigen Äpfeln auf dem Fensterbrett ergänzen Sie die appetitliche Dekoration. Die Vorlage finden Sie auf Bogen B.

1. Ziehen Sie die Konturen in den Farben wie auf der Abbildung. Arbeiten Sie den Tellerrand und das Sternenmuster mit der Konturenfarbe Flitter-Gold und die Garniturlinien innerhalb der Lebkuchenfiguren mit der Konturenfarbe Reinweiß. Alle übrigen Linien ziehen Sie mit Bleifarbe nach. Damit beginnen Sie auch den Konturenauftrag und malen die Pupillen der Lebkuchenfiguren aus. Möchten Sie noch mehr Äpfel, übernehmen Sie die Form aus der Vorlage. Sie können auch die Apfelform von der Spielzeug-Girlande auf Seite 24, die Nussform auf Seite 12 und die Kastanien auf Seite 10 übernehmen.

2. Die Augen der Lebkuchenfiguren und die Saumabschlüsse des Hemdes malen Sie mit weißer Farbe, die mit Bleifarbe umrandete Nase mit Rot, das Hemd und das Kleid mit Diamantblau und den Kleiderkragen mit Dunkelrot aus. Die übrigen Flächen der Lebkuchenfiguren malen Sie

mit Bernstein aus. Wer will, kann den bernsteinfarbenen Auftrag auch mit Cognac abschattieren, wie z. B. an den Händen, unter den Augen und unterhalb des Hemdes.

3. Nehmen Sie die Farbe Cognac, und malen Sie damit die Nüsse und die Apfelstiele aus. Verwenden Sie für die Blätter Grün sowie Maigrün und Grün für die Tannenzweige. Beim grünen Apfel tragen Sie mittig Sonnengelb auf und geben etwas Maigrün dazu. Vermischen Sie die Farben, und vermalen Sie den Farbauftrag bis zum Konturenrand. Zum Ausmalen der übrigen Äpfel verwenden Sie Dunkelrot. Setzen Sie Schneeweiß als Lichtreflexe.

4. Beim Ausmalen des Tellers mit Violett sollten Sie darauf achten, dass Sie die Kontur nicht übermalen. Passiert es trotzdem, lassen Sie die Farbe antrocknen und setzen dann erneut eine Kontur darüber.

Info

Nikolaus packt Geschenke ein

Material

DIN-A4-Folie

Konturenfarbe in
Bleifarbe

Malfarben in Weiß,
Hautfarbe, Himbeere,
Bernstein, Saphir,
Strohgelb, Schwarz
und Mausgrau

Nikolaus achtet genau darauf, dass alle Geschenke hübsch verpackt werden. Der Teddy ist stolz auf seine elegante Schleife, und das Spielzeugauto wird auch damit verziert. Ist alles fertig verpackt, geht's ab zu den ungeduldig wartenden Kindern. Die Vorlagen finden Sie auf Bogen A.

1. Ziehen Sie alle Konturen in Bleifarbe nach. Malen Sie damit auch gleich das Punktauge und die Nasenspitze beim Bärchen auf. Sie können auch mehrere Bärchen und andere Spielsachen bzw. Äpfel und Nüsse aufmalen – Motive und Vorlagen finden Sie reichlich in diesem Buch. Lassen Sie den Farbauftrag gut trocknen.

2. Verwenden Sie für den Nikolaus die klassische Farbkombination in Rot und Weiß. Die Farbe Himbeere nehmen Sie für Mütze, Jacke und die Hose und die Farbe Weiß für die Pelzbesätze, den Bart und den Bommel an der Mütze.

3. Nase und Hände malen Sie mit Hautfarbe aus. Sparen Sie hierbei nicht an Farbe. Der Gürtel wird schwarz gefüllt. Bevor Sie die Stiefel ebenfalls mit der schwarzen Farbe ausmalen, tragen Sie entlang den Falten als Lichtreflex einen Strang Weiß auf. Um den rechten Stiefel vom

linken Stiefel abzusetzen, können Sie entlang der rückwärtigen Stiefelkontur einen weißen Farbstrang auftragen. Setzen Sie dann noch einen Lichtpunkt auf das Stiefelblatt und im Bereich der Ferse auf. Die übrigen Flächen füllen Sie mit Schwarz aus. Zuletzt malen Sie die Sohle mit Mausgrau.

4. Das Geschenkband füllen Sie mit Saphir aus, für das Spielzeugauto nehmen Sie Strohgelb. Die Fenster des Autos malen Sie mit Weiß und die Räder mit Schwarz aus. Auch der Streifen hinter der Autotür ist schwarz gemalt.

5. Das Bärchen erhält eine Bemalung in Bernstein. Wenn Sie die Konturen mehrerer Bärchen aufgemalt haben, füllen Sie einige davon mit Weiß. Die Schleifen können Sie mit Saphir oder Himbeere ausmalen, die Innenflächen sollten Sie dann unbedingt in der Farbe Mausgrau gestalten.

Info

Malen Sie die einzelnen Motive auf Windradfolie, und schneiden Sie sie aus. Für eine originelle Tischdekoration zum Adventskaffee verteilen Sie die Motive auf der Tischdecke und schmücken farblich passende Servietten damit.

Fröhlicher Zwetschgen-Mann

Material

DIN-A4-Folie

Konturenfarbe in Schwarz

Malfarben in Weiß, Schwarz, Samtblau, Orientblau, Bernstein, Cognac, Siena, Himbeere und Grasgrün

Der traditionelle Zwetschgen-Mann aus Franken darf auf keinem Weihnachtsmarkt fehlen. Aus Pflaumen, Feigen und Nüssen gebaut, steht er lachend auf dem Schornstein und winkt jedem Betrachter mit dem Glück bringenden vierblättrigen Kleeblatt zu. Die Vorlage finden Sie auf Bogen B.

1. Ziehen Sie alle Konturen mit Schwarz nach, ebenso die Pupillen des Zwetschgen-Mannes. Lassen Sie den Farbauftrag gut trocknen.

2. Der Zylinder und die Leiter werden schwarz, das Hutband wird grasgrün und der Rand des Zylinders weiß ausgemalt. Auch das Halstuch und das Kleeblatt füllen Sie mit Grasgrün.

3. Zwischen den Haarsträhnen tragen Sie Bernstein auf. Verwenden Sie Cognac für den Kopf, um die Walnussform zu unterstreichen. Bevor Sie das Gesicht ausmalen, legen Sie einen Farbstrang Himbeere entlang der Mundkontur auf, um die Lippen anzudeuten. In der gleichen Farbe malen Sie anschließend die Nase aus. Danach tragen Sie das Augenweiß auf.

4. Am Körper tragen Sie an einigen Stellen Cognac auf und arbeiten weiter mit Bernstein.

Dann setzen Sie in jedem Segment zwei bis drei kleine grasgrüne Punkte in die Bernsteinfarbe. Verziehen Sie die grünen Farbtupfer mit einem Holzstäbchen, so dass ein weicher Farbübergang entsteht.

5. Um die Dörrpflaumen anzudeuten, malen Sie Arme und Beine in Orientblau und Samtblau aus. Beginnen Sie mit der helleren Farbe, und setzen Sie gleich darauf die dunklere dagegen.

6. Um Erdnüsse für die Füße anzudeuten, können Sie sie mit Cognac oder einem Mischton aus Bernstein und Cognac ausmalen.

7. Zum Schluss malen Sie den Schornstein aus. Die Außenseite der Mauersteine gestalten Sie mit Himbeere und die Innenseite mit Siena. Um räumliche Tiefe zu erhalten, malen Sie die daran anschließenden Steinflächen mit Schwarz aus.

Info

Mit dem Zwetschgen-Mann lässt sich auch ein Glück bringendes Mobile für Silvester gestalten. Malen Sie den Mann und mehrere Kleeblätter auf Windradfolie. Die ausgeschnittenen Blätter hängen Sie an der Schornsteinunterkante auf.

Kerzen im Lichterglanz

Hell erstrahlen die Kerzen am Fenster. Mit vier Kerzen und 20 Pilzmännchen können Sie auch einen farbenfrohen Advents- kalender gestalten, nebeneinander gemalt als Fries auf mehreren Fensterscheiben leuchten die Wichtel besonders stimmungsvoll. Die Vorlage finden Sie auf Bogen B.

1. Ziehen Sie alle schwarzen Konturen bis auf die beiden Flammenkreise und die Außen- kontur des Kerzenscheins, diese fahren Sie mit der farblosen Konturenfarbe nach. Möchten Sie mit dem Motiv einen Ad- ventskalender gestalten, malen Sie entweder 24 Kerzen oder vier Kerzen und 20 Pilzmänn- chen auf Folie auf. Lassen Sie den Farbauftrag gut trocknen.

2. Passen Sie die Farbe der Kerzen Ihrer übrigen Adventsde- koration an, oder orientieren Sie sich an der Abbildung. Malen Sie die Flammen immer in gleicher Farbfolge aus: den Docht mit Schwarz, den inneren Flammenkreis mit Kristallklar, die Flamme mit Goldgelb, den äußeren Flammenkreis mit Orientblau und den Kerzenschein mit Sonnengelb. Achten Sie darauf, dass Sie die farblose Kontur nicht übermalen, denn sonst verliert sie die transparente Wirkung.

3. Bei der Kerze malen Sie zuerst das Pilzmännchen aus. Verwenden Sie z. B. Maigrün und Grün für den Hut, Orient- blau für die Unterseite und Weiß für die schleierartigen Haare und die Augen. Malen Sie an- schließend die Pupille mit Schwarz auf. Für die Nase eignet sich Brombeer besonders gut. Verwenden Sie Goldgelb für den Stiel bzw. den Körper, und set- zen Sie die Arme in Sonnengelb ab. Die Füße können Sie mit Maigrün oder Grün gestalten. Zuletzt bemalen Sie die Kerze mit Brombeer oder einer Farbe Ihrer Wahl und die seitlichen Streifen in Orientblau.

4. Als Farbalternative malen Sie den Hut mit Sonnen- und Goldgelb aus, die Unterseite und Augen mit Weiß, die Pupille wird schwarz. Brombeer für die Haare, Arme und die Nase setzt sich gut vom Körper in Orient- blau ab. Die Füße werden son- nen- oder goldgelb, die Kerze maigrün mit grünem Streifen.

Info

Für ein stimmungsvolles Windlicht fixieren Sie mehrere Kerzen auf der Außenseite eine Glases. Je dichter Sie die Motive aufkleben, umso farben- froher strahlt der Kerzenschein auf dem Fensterbrett oder Tisch in der Weihnachtszeit.

Dreidimensionale
Objekte

Schneemann auf Wintertour

Material

DIN-A3-Windradfolien
und DIN-A4-Folien

Konturenfarbe in
Bleifarbe und Reinweiß

Malfarben in Weiß,
Schwarz, Strohgelb,
Pfirsich, Apfelgrün,
Blauviolett, Holunder
und Cognac

Transparenter
Plastikbehälter (z. B.
Trinkhalmverpackung,
Bodengröße: 8 x 8 cm)
Schere und Lochzange
Perlonschnur

Info

Den Korbbehälter kön-
nen Sie auch selbst
anfertigen. Lesen Sie
dazu die Anleitung für
das Windlicht auf
Seite 42, verändern Sie
jedoch das Bodenmaß
auf 8 x 8 cm, und geben
Sie als Wandteil 1 cm
rundum hinzu.

Der Schneemann hat gut lachen, denn eine Winterfahrt im Ballon ist etwas ganz Besonderes. Während er fröhlich um sich schaut, ist sein Freund, der Rabe, gar nicht so glücklich über die kleinen Schneehäufchen auf dem Ballon. Die Vorlagen finden Sie auf Bogen B.

1. Die Konturen des Ballons zweimal und die des Schneemanns mit Raben einmal in Bleifarbe auf Windradfolie ziehen. Am Fuß ab der Markierung die Kontur in Reinweiß aufzeichnen. Reinweiß ziehen Sie auch ca. 32 Schneeflocken nach. Mit Bleifarbe viermal die Konturen der Korbfläche auftragen.

2. Beim Ausmalen der Farbflächen orientieren Sie sich an der Abbildung. Für den Ballon nehmen Sie Holunder, Strohgelb, Weiß und Pfirsich. Den Schneemann gestalten Sie mit Weiß, Schwarz, Blauviolett, Pfirsich und Apfelgrün, den Raben mit Weiß, Schwarz, Pfirsich, Strohgelb und Holunder. Den unteren Rand des Korbes füllen Sie mit Cognac, die übrigen Flächen mit Strohgelb. Die Schneeflocken weiß ausmalen.

3. Alle Teile auf der Windradfolie ausschneiden. Aus den Ballonteilen entsprechend den Angaben einen knapp 1 mm breiten

Streifen herausschneiden und rechts und links davon an Ober- und Unterkante ein Loch einstanzen. Stecken Sie den Ballon über Kreuz ineinander, und fixieren Sie es an Ober- und Unterkante mit Perlonschnur, diese stehen lassen. An allen Schleifenenden ein Loch einstanzen und den Ballon aufhängen. Die Korbflächen auf dem Behälter platzieren und in dessen Oberkanten mittig je ein Loch einstanzen. In jedes Loch knoten Sie eine ca. 40 cm lange Schnur, die Enden befestigen Sie mit ca. 26 cm Abstand an den inneren Schleifenlöchern. Stanzen Sie an der Oberkante des Zylinders vom Schneemann ein Loch, und knoten Sie das lose Schnurende des Ballons am Zylinder fest.

4. Die Schneeflocken kleben Sie paarweise mit gleichmäßigen Abständen auf vier 40 cm lange Schnüre, die an den äußeren Schleifenlöchern des Ballons festgeknotet werden.

Memoboard mit heißen Rhythmen

Auf dieser Magnettafel geht es nicht nur winterlich, sondern auch sportlich zu, denn Schneemann und Raben rocken um die Wette. Ganz nebenbei achten sie darauf, dass kein Notizblatt verloren geht. Wäre das nicht ein hübsches Weihnachtsgeschenk? Die Vorlagen finden Sie auf den Seiten 62 und 63.

1. Ziehen Sie die Konturen des Schneemanns mit Bleifarbe auf Folie. Pausen Sie den Raben auf Transparentpapier ab, um ihn auch seitenverkehrt auf die Windradfolie malen zu können. Ziehen Sie diese Konturen und die der Sterne mit Schwarz nach. Malen Sie die Pupillen der Raben, des Schneemanns und dessen Knöpfe mit schwarzer Konturenfarbe aus. Tragen Sie die gleiche Anzahl Rabenkonturen wie Magnete und beliebig viele Sterne auf. Lassen Sie den Farbauftrag gut trocknen.

2. Die Zipfelmütze des Schneemanns füllen Sie mit Samtblau, den Mützenrand Blauviolett und den Schal mit Bernstein. Der Körper und das Auge werden weiß gemalt. Für den Mund verwenden Sie Orientblau, Pfirsich für die Nase und für den Stock Cognac. Den Untergrund, auf dem der Schneemann steht, gestalten Sie mit Weiß und Cognac, um die Schneeflächen und Erde anzudeuten.

3. Malen Sie die Augen der Raben weiß und den Schnabel mit Pfirsich aus. Gestalten Sie den Körper und Flügelansatz mit Samtblau, und setzen Sie die übrigen Flächen mit Orientblau ab. Anstelle von Orientblau können Sie auch Blauviolett verwenden, oder Sie wechseln beide Farbtöne ab.

4. Ist der Farbauftrag getrocknet, schneiden Sie Raben und Sterne aus. Achten Sie darauf, dass die Farbflächen beim Schneiden oben liegen. Schneiden Sie immer nur kleine Teilbereiche aus; auf diese Weise kann das Motiv nicht einreißen. Geben Sie wenig Sekundenkleber auf die Magnete, und kleben Sie die Raben auf. Arrangieren Sie die Sterne auf dem Rahmen, und kleben Sie sie ebenfalls mit Sekundenkleber auf. Ziehen Sie den Schneemann von der Folie ab, und platzieren Sie ihn seitlich auf der Tafel. Arrangieren Sie am Schluss die Magnete auf der freien Tafelfläche dazu.

Info

Schneiden Sie als Notizzettel 8 cm große Quadrate aus Weichfolie zu. Darauf können Sie dann mit einem Folienstift Ihre Notizen anmerken. Achtung: Setzen Sie die Magnete nicht auf den Schneemann, da sonst die Farbe zerstört wird.

Orientalisches Windlicht

Material

DIN-A3-Windradfolien

Konturenfarbe in
Schwarz

Malfarben in Strohgelb,
Pfirsich, Brombeer,
Holunder, Türkis,
Meergrün, Saphir,
Orientblau und Samtblau

Violetter Tonkarton
Schere
Cutter
Transparentes, doppel-
seitiges Klebeband
Transparentes Klebeband
1 Teelicht

Mit den farbenfrohen bemalten und märchenhaft wirkenden Moscheen erstrahlt das Windlicht im Kerzenschein wie ein Juwel. Lassen Sie Ihrer Phantasie freien Lauf, und gestalten Sie Ihren Wohnraum mit dem zauberhaften Flair aus Tausendundeiner Nacht. Die Vorlagen finden Sie auf Bogen A.

1. Ziehen Sie die Konturen viermal mit Schwarz nach. Sie können bei zwei Motiven die Wellenlinien des kuppelförmigen Dachs weglassen.

2. Gestalten Sie die Moscheen so bunt wie möglich. Für die Fenster sollten Sie immer Strohgelb verwenden, um etwas Ruhe in das Bild zu bekommen. Verwenden Sie entlang der Bildunterkante zwei dunkle Farbtöne, diese überdeckt den Rand des Bodenteils.

3. Alle Teile nach dem Trocknen mit der Farbseite nach oben ausschneiden. Fertigen Sie nun den Boden des Windlichts, zeichnen Sie den Boden auf Tonkarton auf. Ziehen Sie die Bruchkanten mit dem Scherenrücken, und schneiden Sie den Rand an den vorgegebenen Stellen ein. Falten Sie die Ränder im rechten Winkel, und kleben Sie den überstehenden Karton auf die angrenzenden Randteile. Auf die Außenseite des Randes kleben Sie

rundum doppelseitiges Klebeband auf.

4. Schneiden Sie vier jeweils 11 x 10 cm große Rechtecke mit dem Cutter aus Windradfolie aus. Legen Sie die Teile entlang den Längskanten bündig aneinander. Kleben Sie alle vier Seitenwände des Windlichts zu einem Streifen mit transparentem Klebeband zusammen. Stellen Sie die Seitenwände um den Boden herum auf, und fixieren Sie sie mit leichtem Druck von der Innen- und Außenseite auf dem doppelseitigen Klebeband um den Boden. Die offene Kante des Windlichts mit Klebeband schließen.

5. Fixieren Sie auf den Rückseiten der ausgeschnittenen Moscheen transparentes, doppelseitiges Klebeband. Ziehen Sie die Schutzfolie von den Klebestreifen ab, und befestigen Sie die Moscheen auf den Seitenwänden des Windlichts. Teelicht einsetzen.

Info

Ein Kinderzimmer wird zum leuchtenden Märchenpalast, wenn Sie die Motive so vergrößern, dass die Fenster fast vollständig damit bedeckt sind. Gerade im Winter schafft diese Dekoration eine heimelige Stimmung.

Hampelmann-Kasper

Info

Aus der Vorlage wird ein
Fensterbild, wenn Sie
zuerst den Körper durch-
pausen, dann die Arme
und Beine wie beim
Hampelmann etwas
unter den Körper schie-
ben und diese ab der
Körperkontur dazu-
zeichnen.

Zur Freude der Kinder macht der Kasper einen Hampelmann und hat sich extra dafür in Schale geworfen. Mit Glitzerjacke, Glitzermütze und Glitzerschuhen zieht er alle Blicke auf sich, nur die Strümpfe fallen aus dem Rahmen. Aber wie wir alle wissen – ein Kasper darf das. Die Vorlagen finden Sie auf Seite 56, 57.

1. Pausen Sie je einen Arm und ein Bein des Kaspers auf Transparentpapier ab. Ziehen Sie einmal die Körperkontur sowie Arm- und Beinkontur mit Schwarz nach. Wenden Sie das Transparentpapier, und zeichnen Sie Arm und Bein noch einmal seitenverkehrt nach.

2. Malen Sie Gesicht, Hals und Hände mit Fleischfarbe aus, und setzen Sie einen kirschroten Farbtropfen auf beide Wangen, die Nase wird ebenfalls rot. Die Augen füllen Sie mit Weiß und Schwarz, die Haare mit Goldgelb. Gestalten Sie dann Mütze, Jacke, Kragen und Schuhe mit den Glitzer-Farben. Setzen Sie dazu passend Hose, Hemd, Gürtel und Strümpfe mit kontrastierenden Farbtönen ab.

3. Nachdem der Farbauftrag trocken ist, schneiden Sie die Teile mit der Farbseite nach oben aus. Nun bauen Sie den Hampelkasper zusammen. Stanzen Sie an den vorgegebenen

Stellen entsprechend große Löcher in die Körperteile ein. Um die Konturendicke auszugleichen, benötigen Sie vier Unterlegscheiben aus Windradfolie mit 2 cm Durchmesser und einem Loch in der Mitte.

4. Knoten Sie jeweils ein Ende von vier je 50 cm langen Perlonschnüren in die kleineren Löcher der Arme und Beine. Setzen Sie den Kasper mit den Briefklammern zusammen. Biegen Sie die Briefklammern auf der Rückseite so um, dass genügend Abstand zwischen Körper und den Gliedmaßen zur Beweglichkeit bleibt. Bringen Sie Arme und Beine in Ruhestellung. Verknoten Sie die Armschnüre in der Körpermitte, ziehen Sie sie nach unten zu den Beinschnüren, und verknoten Sie alle vier Schnüre unterhalb der Hemdkante.
Bestimmen Sie die Zuglänge der Schnur, und befestigen Sie einen Herzanhänger oder einen Glasknopf am Ende.

Memory-Tablett

Material

DIN-A4-Folie

Konturenfarbe in
Reinweiß

Malfarbe in Crystal

Bilderrahmen
Bedrucktes Wachstuch
2 Stück Haltegriffe
Kork- oder
Moosgummiplatten
Bastelleim
Schere
Schraubendreher
Vorstecher
Eventuell Bohrer

Info

Ist die Rahmenrückseite
sehr rau oder uneben,
können Sie eine Kork-
oder Moosgummiplatte
in der Größe des
Rahmens auf die
Rückseite kleben. So
schützen Sie Ihren Tisch
vor unschönen
Kratzspuren.

Mit diesem verspielten Motiv erhält ein einfaches Tablett eine ganz individuelle Note. Wäre dies nicht ein originelles Geschenk für Freunde? Es erfüllt nicht nur dekorative Zwecke, Sie können beispielsweise auch Ihren Schmuck darauf ablegen. Die Vorlage finden Sie auf Bogen B.

1. Pausen Sie das Motiv auf Transparentpapier ab; so bekommen Sie Routine für die einzelnen Formen. Überprüfen Sie die Bildgröße; sollte Ihr Rahmen eine kleinere Bildfläche haben, lassen Sie Teilbereiche der Efeuranke weg. Ziehen Sie die Bild- und Buchstabenkonturen in Reinweiß auf Folie nach. Lassen Sie die Farbe gut trocknen.

2. Malen Sie die Efeublätter, den Engel und die Buchstaben mit Crystal aus. Lassen Sie den Farbauftrag gut trocknen.

3. Entfernen Sie die Rückwand des Bilderrahmens, und schneiden Sie das Wachstuch in dieser Größe zu. Ziehen Sie dann das Bild von der Folie ab, und arrangieren Sie es auf dem Wachstuch. Legen Sie das Wachstuch mit der Bildseite nach unten auf die Glasscheibe, und setzen Sie die Rückwand wieder im Rahmen ein. Damit die Glasplatte nicht wackelt, füllen Sie den Zwischenraum von Rückwand und Rahmen mit Kork- oder Moosgummistreifen aus, die Sie aufkleben.

4. Markieren Sie die Mitte der schmalen Rahmenkanten auf der Rückseite des Rahmens. Tragen Sie zu beiden Seiten der Mittelmarkierung parallel zur Rahmenkante den halben Abstand der beiden Schraublöcher eines Griffs an. Die Schrauben zur Montage der Griffe müssen so lang sein, dass sie durch den Rahmen bis in die Griffe reichen. Stechen Sie vor dem Eindrehen der Schrauben die Löcher auf der Rahmenrückseite vor, oder bohren Sie sie mit einem dünnen Holzbohrer an; so vermeiden Sie, dass das Holz beim Eindrehen der Schrauben splittert. Drehen Sie diese dann so weit ein, bis die Spitze auf der Rahmenvorderseite austritt. Setzen Sie die Haltegriffe darüber, und drehen Sie die Schrauben so weit wie möglich ein. Die Griffe müssen fest auf dem Rahmen sitzen.

Fliegenpilz-Laterne

Material

DIN-A3-Windradfolie

Konturenfarbe in
Schwarz

Malfarben in
Schneeweiß, Schwarz,
Bernstein, Himbeere,
Siena, Apfelgrün,
Olivgrün, Saphir und
Samtblau

Runde Käseschachtel
Schere und Lochzange
Transparentes, doppel-
seitiges Klebeband
40 cm Draht mit 1 mm Ø
Papprolle
Laternenstab

Info

Ohne Drahtbügel ist die
Laterne ein dekoratives
Windlicht auf dem
Fenstersims, sie ziert
aber genauso einen
herbstlich gedeckten
Tisch. Die Motive kön-
nen Sie auch auf ein
viereckiges Windlicht
auftragen.

Besonders lustig wirkt die Bemalung mit dem Fliegenpilz auf einer Laterne, die beim Umzug am Martinstag zwischen allen anderen Laternen hell und bunt leuchtet. Aber auch als Tisch-dekoration oder für einen Platz am Fenster ist die Laterne ein schöner Blickfang. Die Vorlage finden Sie auf Bogen B.

1. Pausen Sie das Motiv auf Transparentpapier ab, anstelle des Lichtscheins zeichnen Sie einen 1 cm breiten Rand hinzu. Messen Sie von der Unterkante 1,5 cm nach oben, und ziehen Sie eine zusätzliche Linie. Für einen 35 cm großen Umfang der Käseschachtel ziehen Sie drei-mal die Motivkonturen ohne Ab-stand in Schwarz nach. An einer Längskante lassen Sie 1,5 cm als Klebelasche ohne Bemalung überstehen.

2. Tragen Sie die Punkte auf dem Hut mit Schneeweiß auf, und malen Sie die Unterseite mit Bernstein und Siena aus. Gestalten Sie die Haare mit Schneeweiß, die Nase in Him-beerrot, den Stiel in Bernstein sowie Hände und Füße mit Ap-felgrün. Setzen Sie dann das Augenweiß auf, und malen Sie die Pupille schwarz aus. Danach können Sie den Hut mit Him-beerrot ausmalen. Verwenden Sie Olivgrün für den Außenbe-reich, Saphir für den oberen und Samtblau für den unteren Bild-rand. Die seitlichen Ränder be-malen Sie abwechselnd mit Sie-na und Apfelgrün.

3. Schneiden Sie am Boden der Schachtel den dünnen überste-henden weißen Rand ab, fixie-ren Sie rundum transparentes, doppelseitiges Klebeband. Ebenso entlang der Klebelasche doppelseitiges Klebeband auf-kleben. Stellen Sie die bemalte Folie um den Boden, und drück-en Sie alle Klebestellen fest. Stanzen Sie zwei gegenüberlie-gende Löcher in den oberen Laternenrand. Biegen Sie den Draht zum Halbkreis (eventuell mit einer Öse in der Mitte) und Haken an den Enden. Die Haken in den Löchern der Laterne ein-hängen.

4. Für die Halterung des Tee-lichts schneiden Sie von der Papprolle 1,5 cm ab und kleben diesen Ring mittig auf den La-ternenboden. Zuletzt den Later-nenstab in die Öse einhängen.

Himmlisches Mobile

Material

DIN-A3-Windradfolie

Konturenfarbe in Flitter-
Gold und Flitter-Silber

Malfarben in Weiß irisie-
rend, Gold, Silber,
Glitzer-Rot, Glitzer-
Diamantblau, Glitzer-
Grün, Glitzer-Gold,
Glitzer-Silber und
Glitzer-Orchidee

Schere
Lochzange
Garn

Beim leichtesten Luftzug schweben Engel und Sterne im Raum. Mit Glitzer-Farben bemalt, sind die Motive auch eine wirkungsvolle Adventskranz- und Christbaumdekoration; mit Namen versehen, finden sie auch als Geschenkanhänger Verwendung. Die Vorlagen finden Sie auf Seite 60, 61.

1. Ziehen Sie viermal die Konturen des Engels, dreimal die des großen Sterns und einmal die der Wolke in Flitter-Gold oder -Silber nach. Achten Sie darauf, dass Farbe und Flitter gleichmäßig vermischt den Konturenauftrag abdecken. Übermalen Sie die Stellen ohne Flitter erneut, und lassen Sie den Auftrag trocknen.

2. Malen Sie die Wolke mit Weiß irisierend und Glitzer-Orchidee aus.

3. Das Gesicht, die Hände und die Flügel der Engel malen Sie mit Weiß irisierend aus. Wählen Sie Gold oder Silber für die Haare. Malen Sie das Kleid mit der roten, grünen oder blauen Glitzer-Farbe aus, und setzen Sie die Schmuckstreifen an Ärmel- und Rocksaum und die Sterne in Glitzer-Gold oder Glitzer-Silber ab.

4. Malen Sie die großen separaten Sterne wie zuvor in Glitzer-Silber oder Glitzer-Gold aus,

und lassen Sie den Farbauftrag aller Motive gut durchtrocknen.

5. Alle Motive mit der Farbfläche nach oben ausschneiden. Schneiden Sie immer nur kleinere Abschnitte weg, und achten Sie darauf, dass die Folie in den Ecken nicht einreißt. Stanzen Sie an der Wolkenoberkante, den Engeln und den Sternen mittig ein Loch ein, und hängen Sie die Wolke auf. An Engeln und Sternen knoten Sie Fäden zum Aufhängen ein.

6. Danach stanzen Sie an der Wolkenunterkante mittig ein Loch ein und befestigen einen Engel an dieser Stelle. Halten Sie zwei andere Engel dazu, um auf diese Weise die Anordnung festzulegen. Stanzen Sie die Löcher dafür an der Wolkenunterkante ein. Hängen Sie die Engel auf, und dekorieren Sie den letzten Engel und die Sterne dazu. Einzelne Sterne können Sie auch an den Unterkanten der Engelskleider einknoten.

Info

Für Postkarten aus Tonkarton ein 16 x 18 cm großes Rechteck schneiden. Entlang einer Kante im Abstand von 1 cm eine Falzrille ziehen. Karton einfalten, doppelseitiges Klebeband fixieren. Windradfolie ausschneiden, Motiv auf Karton kleben.

Die Zweige des Miraculix

Material

DIN-A4-Folien

Konturenfarbe in
Schwarz und Farblos

Malfarben in Weiß,
Crystal, Apfelgrün und
Grasgrün

In verschwenderischer Fülle ranken sich Mistelzweige um die Vase aus Glas. Genauso schnell, wie Miraculix der Druide sein Kraftsüppchen braut, können Sie dieses prachtvolle Geschenk zaubern, obwohl es auf den ersten Blick sehr aufwändig erscheint. Die Vorlage finden Sie auf Seite 62.

1. Ziehen Sie die Konturen der Stiele und Blätter mit Schwarz nach. Wechseln Sie dann zur farblosen Konturenfarbe, und tragen Sie die Umrisse der Beeren auf. Für eine Vase mit 53 cm Umfang und 26 cm Höhe benötigen Sie ca. 12 Mistelzweige. Nachdem Sie die Konturen aufgetragen haben, lassen Sie den Farbauftrag gut trocknen.

2. Malen Sie zuerst die Beeren mit Weiß aus. Verwenden Sie Apfelgrün und Grasgrün für die Blätter, dabei können Sie beide Farben mischen oder einzeln verwenden. Achten Sie beim Ausmalen darauf, dass Sie die transparenten Beerenkonturen nicht übermalen.

3. Um einem Zweig Stabilität zu geben, tragen Sie zwischen losen Blättern die Farbe Crystal auf, besonders im Außenbereich des Zweiges. Stellen mit kompakten Überschneidungen brauchen Sie nicht mit Crystal auszumalen. So bleibt das Motiv

beim Aufziehen auf die Vase noch flexibel genug. Lassen Sie den Farbauftrag durchtrocknen.

4. Reinigen Sie die Vase, und stellen oder legen Sie sie auf Folie. Ziehen Sie vorsichtig einen Mistelzweig von der Folie ab, und platzieren Sie ihn auf der Vase. Die nächsten Zweige arrangieren Sie zuerst lose dazu; gefällt Ihnen die Dekoration, drücken Sie die Zweige fest an. Durch die leichte Flexibilität können Sie die Zweige in sich noch etwas verformen.

5. Sollte ein Loch in der Verzierung der Vase entstehen, schneiden Sie einfach einen Zweig auseinander und decken das Loch mit einem passenden Abschnitt ab. Sie können aber auch für größere freie Stellen zusätzlich neue Zweige in passender Größe malen. Lassen Sie auf jeden Fall die Farbe gut trocknen, bevor Sie ein Motiv von der Folie abziehen und dekorieren.

Info

Dekorieren Sie die Mistelzweige in der Advents- und Weihnachtszeit auf den Rändern eines Garderobenspiegels. Mit einer großen Schleife in Rot und Gold wird die Gestaltung zum farbigen Blickpunkt im Flur.

Kranz aus Weihnachtssternen Seite 26
Kleiner Weihnachtsstern

Kranz aus Weihnachtssternen Seite 26
Großer Weihnachtsstern

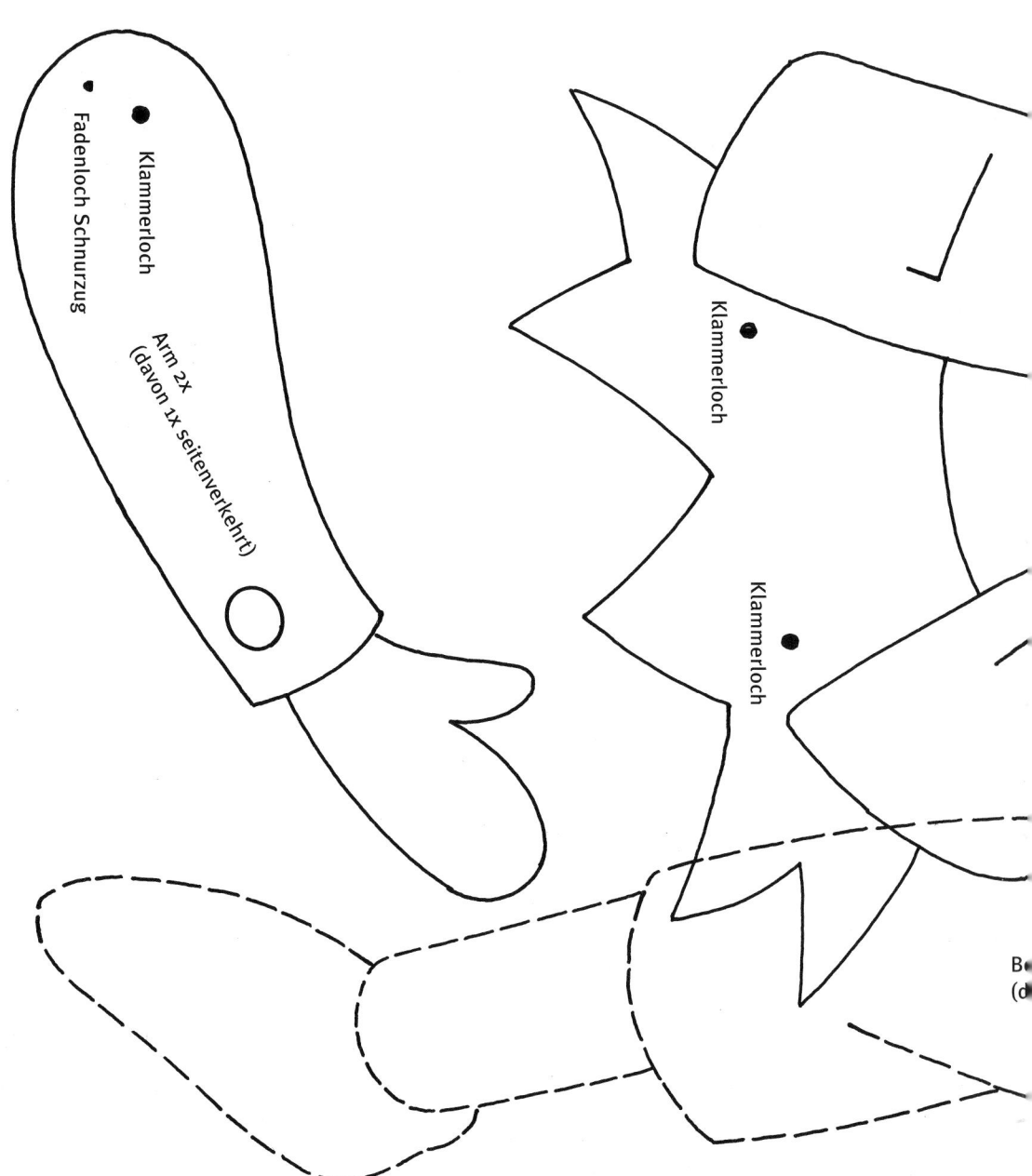

Fadenloch Schnurzug

Klammerloch

Arm 2x
(davon 1x seitenverkehrt)

Klammerloch

Klammerloch

B
(d

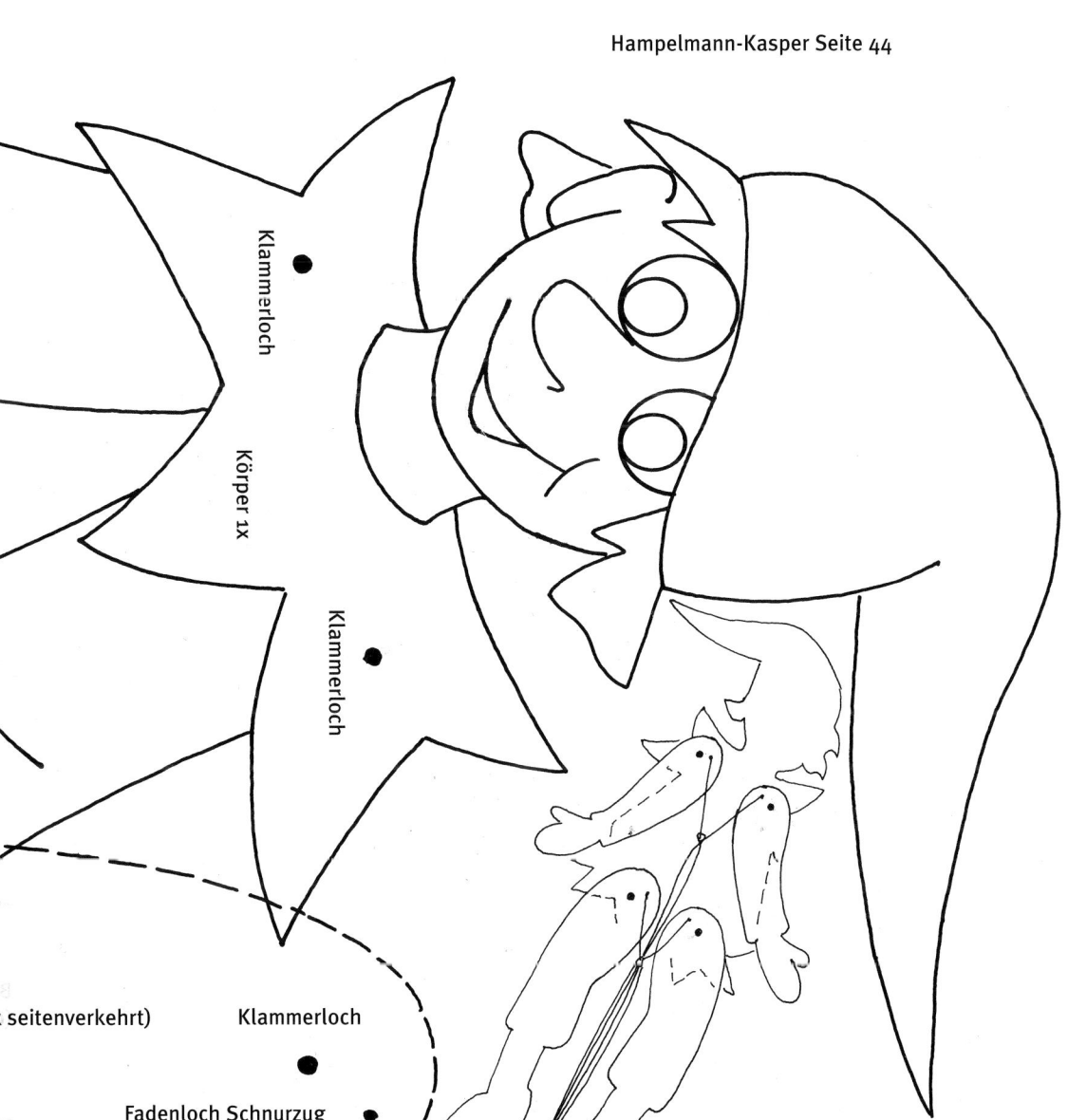

Klammerloch

Körper 1x

Klammerloch

(seitenverkehrt)   Klammerloch

Fadenloch Schnurzug

Anbringen des Schnurzugs

Tannenzweige –
Spielzeuggirlande Seite 24

Raupe – Bunte Spielzeuggirlande Seite 24

Apfel –
Bunte Spielzeuggirlande
Seite 24

Kasper – Spielzeuggirlande Seite 24

1x

3x

Wolke und Stern –
Himmlisches Mobile Seite 50

Bär – Bunte Spielzeuggirlande Seite 24

4x

Engel – Himmlisches
Mobile Seite 50

Misteln – Die Zweige des Miraculix
Seite 52

Rabe –
Memoboard mit
heißen Rhythmen
Seite 40

Schneemann und Sterne – Memoboard
mit heißen Rhythmen
Seite 40

Impressum

© 2000 Cormoran Verlag, München,
in der Econ Ullstein List Verlag GmbH & Co. KG,
München
Redaktion und Satz: Heidi Grund-Thorpe
Projektleitung: Christina Lux
Redaktionsleitung: Dr. Reinhard Pietsch
Umschlaggestaltung: Manuela Hutschenreiter
Fotos: Claudia Rehm
Bildredaktion: Tanja Nerger
Herstellung: Manfred Metzger (Leitung), Annette Aatz
Druck: Istituto Grafico Bertello

Printed in Italy
Gedruckt auf chlor- und säurearmem Papier
ISBN 3-517-09104-9